COLLECTION
FICHEBOOK

ÉMILE ZOLA

La Fortune des Rougon

Fiche de lecture

Les Éditions du Cénacle

© Les Éditions du Cénacle, 2020.

1 rue Honoré - 93500 Pantin.

ISBN 978-2-36788-671-8

Dépôt légal: Juin 2020

Impression Books on Demand GmbH

In de Tarpen 42

22848 Norderstedt, Allemagne

SOMMAIRE

BIOGRAPHIE

ZOLA

Émile Zola, fils unique d'Émilie Aubert et de François Zola, ingénieur en travaux publics, naît le 2 avril 1840 à Paris.

Une fois la famille installée à Aix-la-Chapelle, François Zola meurt d'une pneumonie en 1847, laissant son épouse et son fils endettés.

Émile Zola obtient une bourse et entre en septième au collège Bourbon en 1852, où il a pour meilleur ami le futur peintre Paul Cézanne.

En 1856, il entre en troisième, fait la découverte d'écrivains contemporains et romantiques – Hugo, Lamartine et Musset – et écrit ses premiers essais dramatiques et poèmes.

Réinstallée à Paris, sa mère l'y fait venir et entrer en seconde, en 1858, au lycée Saint Louis, où il écrit sa première comédie en vers, *Enfoncé le pion*, mais aussi « un grand roman historique du Moyen Âge » inspiré des Croisades. En proie au mal du pays, il délaisse ses études à la faveur des sciences médicales et de la psychiatrie.

Recalé deux fois au baccalauréat, en 1859, Émile Zola continue à composer des vers, lit les libres penseurs, positivistes, encyclopédistes et curieux d'histoire naturelle ou encore d'histoire sociale, tels Michelet, Taine, Prévost-Paradol, About, Weiss et Sarcey. Il s'intéresse aussi à l'actualité.

Employé aux docks de la douane pour ne plus être à la charge de sa mère, il cherche un emploi qui lui permette de vivre et d'écrire.

Le 1er mars 1862, il entre à la Librairie Hachette – ancien nom des éditions Hachette – où, d'abord commis au bureau des expéditions, il est rapidement promu chef de la publicité. Émile Zola se fait de nombreuses relations parmi les auteurs et les journalistes, rédige les annonces du *Bulletin du libraire et de l'amateur de livres*, revue maison-catalogue où il présente les publications de l'éditeur et écrit ses premiers contes.

Il place, en 1863, ses premiers articles et comptes rendus de livres dans la presse, ainsi que deux de ses propres contes et fait, en 1864, une douzaine de résumés des Conférences de la rue de la Paix pour la *Revue de l'Instruction publique*. L'éditeur Jules Hetzel publie ses *Contes à Ninon* en novembre.

1865 marque véritablement les débuts d'Émile Zola dans le journalisme. Il collabore avec *Le Petit Journal*, *Le Courrier du monde*, *Le Figaro* et *Le Salut public de Lyon* où il publie, entre autres, un important compte rendu de *Germinie Lacerteux* qui marque le début de ses relations avec les frères Goncourt, et exprime ses opinions politiques, littéraires et artistiques.

Décidé à vivre de sa plume, il quitte la Librairie Hachette en 1866, s'intéresse aux peintres de son temps, réunit un certain nombre de ses articles en recueil, publie le *Vœu d'une morte*, puis en 1867, *Les Mystères de Marseille*, dont il tire une pièce de théâtre.

Émile Zola collabore en 1868 avec les journaux *Le Globe*, *L'Evénement illustré* et *La Tribune*, journal nouvellement fondé en opposition à l'Empire. Il publie *Thérèse Raquin* et *Madeleine Férat*. Relisant Balzac, il projette d'écrire un cycle de vingt romans et se livre à ses premières réflexions, lectures et notes préparatoires, des futurs *Rougon-Macquart*, prenant pour sujet l'Histoire naturelle et sociale d'une famille sous le Second Empire.

L'écrivain épouse, en 1870, Alexandrine Meley, qui se découvrira stérile. Il se lie à Flaubert et publie des articles très polémiques contre l'Empire et la guerre dans *Le Rappel*, *La Tribune* et *La Cloche*.

Le Siècle achève, en 1871, la publication en feuilleton du premier *Rougon-Macquart*, *La Fortune des Rougon* qui paraît en volume chez Lacroix au mois d'octobre, tandis qu'Émile Zola, installé à Bordeaux, termine *La Curée* et prépare *Le Ventre de Paris*. Chacun de ses romans fera l'objet d'une publication en feuilleton dans la presse avant de paraître en volume. Convaincu que le journalisme est l'atout de la promotion du livre, le romancier s'occupe personnellement de leur publicité et tente pour la plupart de les adapter au théâtre.

L'écrivain signe, en juillet 1872, un contrat avec Charpentier qui devient « l'éditeur du Naturalisme » et le publie jusqu'à sa mort.

Émile Zola continue de collaborer régulièrement avec la presse, publie *La Conquête de Plassans* en 1874, édite, en 1875, *La Faute de l'Abbé Mouret*, termine *Son excellence Eugène Rougon* puis présente *L'Assommoir*, dont la publication en volume, en 1876, fait scandale mais rapporte une fortune à son auteur et donne naissance à une pièce de théâtre à succès en 1879.

Une Page d'Amour paraît en 1878, *Nana*, *Les Soirées de Médan* et *Le Roman expérimental*, en 1880, année noire consumée par les doutes pour Zola qui voit mourir deux amis ainsi que sa mère. Cependant c'est aussi l'année durant laquelle il théorise le Naturalisme, dont il devient le chef de file. Il prépare aussi *Pot-Bouille*.

Quittant définitivement le journalisme, en 1882, Émile Zola se consacre aux *Rougon-Macquart*. Sa notoriété s'étend à l'étranger : il est en relation avec de très nombreux journalistes, critiques et écrivains italiens, anglais, allemands, autrichiens, polonais, russes, hollandais, norvégiens et portugais, et s'occupe lui-même de la diffusion de ses romans au-delà des frontières.

Au Bonheur des Dames est publié en 1883 et *La Joie de vivre* en 1884. C'est l'année de l'enquête médiatisée de l'auteur à la mine d'Anzin, réalisée dans le cadre de la préparation de *Germinal*. Ce deuxième titre à succès des *Rougon-Macquart* est publié en 1885, et son adaptation au théâtre est interdite à la représentation jusqu'en 1888. Très édulcorée sans l'accord de Zola, le drame a peu de succès.

1886 voit paraître *L'Œuvre* et se préparer *La Terre*. Zola reçoit en 1888 la Légion d'honneur et présente sa candidature à l'Académie française en vain, jusqu'en 1897.

Il visite, en 1889, une locomotive dans le cadre de la préparation de *La Bête humaine* et c'est aussi l'année de naissance de sa fille, Denise, dont la mère, Jeanne Rozerot, est une ancienne domestique dont il a fait sa maîtresse l'année précédente.

En 1891, il est élu membre de la Société des gens de lettres qui le porte bientôt à sa présidence. Le romancier voit naître la même année son deuxième enfant, Jacques, dont l'existence est révélée par une lettre anonyme à Alexandrine, au bord du divorce.

1892 est l'année de la publication de *La Débâcle*, un immense succès, et de la préparation du *Docteur Pascal*. Le dernier *Rougon-Macquart* paraît en librairie en 1893. Zola est fait officier de la Légion d'honneur et commence la rédaction de *Lourdes*, la première des *Trois Villes*, roman qui entraîne en 1894 polémiques, procès et mise à l'Index.

Émile Zola publie *Rome* en 1896, s'engage dans l'affaire Dreyfus fin 1897, publiant des articles retentissants parmi lesquels, en 1898, le fameux « J'accuse » qui lui vaut d'être attaqué en justice par le ministre de la guerre pour diffamation. Rayé des cadres de la Légion d'honneur, il s'exile en Angleterre. *Paris*, le dernier volume des *Trois villes* sort en librairie la même année. Le romancier rédige alors *Fécondité*, le premier des *Évangiles*, et revient en France en 1899, année de la révision du procès du Capitaine Dreyfus.

L'écrivain rassemble en recueil, en 1901, ses articles concernant l'affaire. Il meurt asphyxié par un feu de cheminée – accident ou assassinat ? – la nuit du 28 septembre 1902, laissant en cours la publication en feuilleton du troisième *Évangile : Vérité*, et le quatrième *Justice*, inachevé. À la demande de l'Académie française, Anatole France prononce son éloge funèbre, lors de ses funérailles, le 5 octobre.

Le Capitaine Dreyfus est réhabilité le 12 juillet 1906.

PRÉSENTATION
DU ROMAN

La Fortune des Rougon, premier volume de la fresque littéraire qui rendra son auteur célèbre, les *Rougon-Macquart*, en raconte les origines, celles du cycle mais aussi celles de cette famille dont les premiers membres vivent le passage de la République au Second empire. Le coup d'état du 18 décembre 1851 donne en effet son motif au livre. Afin de faire fortune et d'obtenir un poste gratifiant, Pierre Rougon, fils de paysan et ancien marchand d'huile prospère planifie, sur les consignes de son fils Eugène, proche du gouvernement de Paris, le sauvetage de la ville de Plassans. Cette ville, où il réside, fait face au soulèvement des républicains des villes provinciales voisines, contre la politique bonapartiste.

Le roman paraît d'abord en feuilleton dans *Le Siècle* dès le 28 juin 1870. Interrompue le 11 août en raison des circonstances politiques – la Commune ébranle la capitale –, la publication passe inaperçue. Elle reprend, huit mois plus tard, du 18 au 21 mars 1871, alors que ses lecteurs en ont oublié le début et que la rédaction du journal se permet de changer le titre de l'œuvre en *La Famille Rougon*.

Les affaires de l'éditeur Albert Lacroix, avec lequel Émile Zola vient de souscrire un contrat, ne vont pas fort. Le livre s'imprime tout de même à un peu plus d'un millier d'exemplaires et est mis en vente le 14 octobre 1871, à la Librairie internationale, où se sont déjà vendus *Thérèse Raquin* et *Madeleine Férat*.

RÉSUMÉ DU ROMAN

Chapitre I

Silvère, 17 ans, attend son amante, Miette, 13 ans, alors que la nuit tombe sur l'aire Saint-Mittre, ancien cimetière de la ville de Plassans, transformé en terrain vague. Le coup d'état vient d'avoir lieu à Paris. En Province, les républicains se révoltent. Silvère annonce à Miette qu'il va rejoindre, fusil au poing, la cohorte des insurgés, venus des villages alentours. La nouvelle attriste la jeune fille qui souffre de son douloureux passé : son père est enfermé au bagne après avoir abattu un gendarme d'un coup de fusil et elle en paie aujourd'hui le prix lorsque les villageois moqueurs la reconnaissent.

Les amants traversent ensemble le village, en guise de promenade nocturne et croisent les insurgés, chantant *La Marseillaise*, dont Silvère, sous le coup de l'émotion, détaille à Miette les groupes. Les jeunes gens traversent à nouveau le village pour rejoindre les citadins de Plassans qui vont se joindre à la colonne. Miette est reconnue comme étant la fille de Chantegreil le bagnard. Silvère défend la jeune fille mais celle-ci annonce, pour montrer son courage à ces hommes, qu'elle part avec eux et sera leur porte-drapeau.

Chapitre II

La ville de Plassans est divisée en trois quartiers où vivent trois catégories sociales : une aristocratie décadente et cléricale, une bourgeoisie installée et le peuple comprenant de petits bourgeois frustrés et ambitieux dont fait partie la descendance d'Adélaïde Fouque. Restée seule héritière vivante de sa famille, elle possède deux maisons et de grands terrains et fait entretenir son potager par un jardinier. La jeune femme épouse un ancien serviteur de son père, resté chez elle, Rougon. De cette union naît Pierre qui voit mourir son père quinze mois plus tard d'une insolation. Adélaïde prend alors pour amant « ce gueux de Macquart », contrebandier honni par Plassans, violent avec sa maîtresse, capable de disparaître pendant plusieurs semaines, et qui habite une masure au fond de l'impasse Saint-Mittre, sur le terrain contigu à celui de la jeune femme. De leur liaison naissent Antoine et Ursule.

À dix-sept ans, Pierre apprend la maladie de sa mère : des crises nerveuses très violentes qui la paralysent momentanément. Elle manque également de sens pratique et passe pour folle et marginale depuis longtemps à Plassans. Détestant son frère et sa sœur qu'il considère comme des bâtards, il exploite la faiblesse d'esprit de sa mère pour s'assurer de pouvoir hériter de toute sa fortune. Le sort l'y aide : Antoine est mobilisé pour quelques années dans l'armée et le chapelier Mouret de Plassans se prend de passion pour Ursule, l'épouse et l'emmène à Marseille. Pierre persuade sa mère de déménager dans la maison de Macquart, tué par un douanier à la frontière, et reste seul maître du logis et de l'enclos des Fouque. Ne voulant pas rester paysan, il vend la maison et le terrain de sa mère, dont il réussit à extorquer 50 000 francs ; il épouse la fille du marchand d'huile d'olive, Félicité, qui a de grandes espérances d'avenir, et relève le commerce, quasiment tombé en faillite, dont il prend la tête. « Le jeune ménage se mit bravement à la conquête de la fortune. » De leur union naissent deux filles et trois fils, Eugène, Aristide et Pascal. Leur mère, convaincue que ses enfants s'occuperont de ses vieux jours, paie des études de droit et de médecine, pour le dernier, Pascal, à Paris. N'ayant pas trouvé de places, ils reviennent à Plassans. Pascal s'installe dans une petite maison où il se livre à des expériences entre deux consultations. Aristide épouse Angèle et se fait entretenir par son père en attendant d'avoir un poste à la mairie. Eugène traîne en suivant l'actualité parisienne, prêt à repartir dès que l'occasion se présentera. Trois ans avant la révolution de 1848, Pierre et Félicité vendent leur commerce et prennent leur retraite en s'installant dans un trois-pièce dont la fenêtre du salon, tendu et meublé de jaune – la fierté de la maîtresse de maison – donne sur la place de la mairie.

Chapitre III

Sur les conseils de leur fils Eugène, lequel, placé à Paris, détient le secret de la fortune familiale à venir, Pierre et Félicité tiennent salon en invitant chez eux les personnalités influentes de la ville pour discuter politique : « Un noyau de conservateurs, appartenant à tous les partis. » Aristide, pro-républicain, coupe les ponts avec ses parents et publie ses propres articles dans le journal qu'il crée, *L'Indépendant*. Pascal, que sa mère, intelligente et intrigante, réussit à faire venir avec assiduité, dans les premiers temps du salon, se désintéresse rapidement de la politique et retourne à ses expériences. Les révélations politiques d'Eugène induisent ses parents à faire habilement de leurs invités des partisans du bonapartisme. Pierre Rougon, sentant une explosion politique approcher, fait remiser des fusils dans un entrepôt et tient le salon dans le secret. Aristide réussit à espionner le salon et change de camp, sans toutefois le révéler à ses parents, car il a l'intention de se mettre, si nécessaire, du côté des vainqueurs de la révolution. Le soir de la révolte, Rougon court se cacher chez sa mère pour échapper aux républicains et pouvoir revenir triomphant une fois la bataille passée.

Chapitre IV

Antoine Macquart revient à Plassans après la chute de Napoléon. Il pense y retrouver la vie qu'il avait quittée mais découvre la nouvelle situation de sa mère et le vol de sa part d'héritage. Il en fait un scandale dans la ville, contraignant Pierre et Félicité à négocier son silence : ils lui trouvent un vêtement, un logement et lui offre une année de loyer. Une fois la durée de l'accord écoulée, Macquart n'a d'autre choix que de prendre un travail et fait son apprentissage auprès d'un ouvrier vannier. Fatigué de travailler et refusant d'acheter sa matière première au lieu de la voler, il se met en quête d'une femme, assez forte pour travailler et entretenir un ménage. C'est le cas de Joséphine Gavaudan qui, persuadée de sa laideur, accepte la demande de Macquart qui se complaît bientôt dans l'alcool et la violence conjugale. De leur mariage naissent Lisa, Gervaise et Jean que Macquart met au travail dès que possible. Lisa devient la bonne de la directrice des postes qui l'emmène avec elle à Paris ; Gervaise, apprentie blanchisseuse, tombe enceinte par deux fois d'Etienne Lantier, un ouvrier tanneur ; Jean apprend la menuiserie. Macquart ramasse tous les salaires pour les dépenser en luxueux vêtements et aller boire des verres, répandant sa haine contre son frère et essayant d'attiser celle d'Aristide envers ses parents, avant de tenter d'enrôler son neveu Silvère.

Ursule, morte de maladie en 1839, et son mari mort de chagrin, pendu, quelques temps après, laissent une fille de dix-huit ans, Hélène, mariée à un employé et deux garçons, François et Silvère. Accueilli chez son oncle Pierre pour l'aider à la boutique, l'aîné, François, vingt-trois ans, emmène avec lui son petit frère, Silvère, six ans, recueilli et élevé par sa grand-mère Adélaïde. Le petit grandit dans l'affection, dans la crainte puis dans la gestion des crises nerveuses de son aïeule, qu'il appelle Tante Dide.

Le jour de la révolution, Macquart prend la tête des républicains de Plassans et monte chercher son frère chez lui pour le constituer prisonnier. Rougon a déjà fui.

L'armée insurrectionnelle envahit la mairie. Silvère lutte avec un gendarme dont il crève l'œil accidentellement. Il court se laver du sang qu'il a sur les mains chez sa grand-mère à laquelle il raconte qu'il a peut-être tué un gendarme. Craignant pour ses ambitions de fortune à venir, compromises par le comportement de son neveu, Rougon tente de l'empêcher de sortir, en vain. À son retour, Silvère retrouve une Miette violemment prise à partie par son cousin Rébuffat, chez lequel elle vivait en esclave jusqu'à présent. Son amant la défend d'un coup de poing. La colonne des insurgés reprend sa marche sur les routes en emmenant avec elle ses prisonniers.

Chapitre V

Épuisés par leur course, Miette et Silvère se détachent de la colonne pour s'asseoir au bord de la route et se reposer. Ils se rappellent les débuts de leur idylle. Silvère effectuait une réparation sur le puits de sa grand-mère lorsque Miette, de l'autre côté du mur, désherbait le terrain de ce qui était anciennement l'enclos des Fouque. Ils engagent la conversation. Ils se retrouvent chaque jour à heure fixe près du puits jusqu'à ce que Tante Dide les surprennent, et rattrapée par son passé – elle voit en les amours de Miette et Silvère, les siennes avec Macquart – ramène son petit-fils par la main. Les amoureux se retrouvent dès lors tous les jours sur l'aire Saint-Mittre pour ne pas être dérangés, et ce durant deux années.

Les amants rejoignent les insurgés dans le village

d'Orchères où Silvère rencontre son cousin Pascal, qui a suivi la colonne pour soigner les blessures des combattants. Il lui présente Miette comme étant sa femme. Au matin, l'approche des soldats est confirmée dans le village. Paniqués d'abord et désorganisés, les insurgés font face. Des coups de feu sont échangés. Les premiers révolutionnaires tombent. Les autres, débordés et effrayés, abandonnent le front. Miette reçoit une balle dans le cœur. Silvère recueille ses dernières paroles, désespéré, et la contemple dans la mort, en la serrant passionnément dans ses bras. Il est ramassé par un gendarme qui le reconnaît comme appartenant aux insurgés.

Chapitre VI

Au matin, Pierre Rougon sort de chez sa mère et part chez les habitués du salon. En se rendant au hangar où sont entreposés les fusils, le salon racole quarante et un hommes en faisant du porte-à-porte dans le village. La troupe se dirige ensuite vers la mairie qu'elle reprend facilement, les insurgés, Macquart à leur tête, ayant laissé trop peu d'hommes pour garder la place. Admiratifs, les amis de Rougon lui proposent de prendre la direction de la ville en attendant le retour du maire ou de l'armée napoléonienne. Rougon rentre chez lui et annonce à son épouse que leur plan fonctionne très bien. Il pourra bientôt briguer le poste de receveur particulier que lui faisait viser son fils Eugène. Félicité reste euphorique.

La ville, à son réveil, demande des explications à Rougon qui ne se lasse pas de raconter avec exagération comment il a repris la mairie et sauvé Plassans. Félicité fait monter Aristide et tâche d'obtenir de lui qu'il se réconcilie avec son père.

À la mairie, la rumeur se propage que des soldats approchent. Le gendarme dont Silvère a crevé l'œil raconte à

28

tous son accident et jure qu'il retrouvera le coupable pour lui régler son compte. Rougon se fait discret. L'armée n'arrive pas. Le doute plane sur les dires de Rougon qui demande conseil au marquis de Carnavant, ami de longue date de la famille de Félicité et habitué intrigant du salon jaune. Le marquis annonce, en entendant sonner les clochers des villages voisins, que les insurgés vont assiéger Plassans. Rougon fait fermer les portes de la ville et déclare l'état de siège. Les habitants le critiquent bientôt et plaignent Macquart. Aristide est redevenu républicain. La lettre d'Eugène n'est pas arrivée. Soupçonnant un de leurs habitués de retenir le courrier, Félicité se rend au bureau des postes où elle négocie avec Vuillet la bonne réception de sa lettre contre une part d'intérêts personnels dans la fortune à venir. Elle rend ensuite visite à son beau-frère, enfermé depuis deux jours dans un cabinet de la mairie. Faisant mine d'enterrer la hache de guerre, elle lui offre de l'aider à s'évader et de trahir ses amis républicains contre récompense. Rougon organise un guet-apens à la mairie en annonçant que les républicains préparent une attaque imminente. Réfugié chez sa mère depuis sa libération, Macquart traverse la ville en racolant les républicains et les jettent dans le piège qui les attend, place de la mairie. Ils sont reçus, à leur grande surprise, par les gardes nationaux. La ville est secouée des échanges de coups de feu tandis que l'un des habitués du salon sonne le tocsin dans le clocher de l'église. Les rues se jonchent de cadavres ensanglantés. Rougon est définitivement reconnu et salué comme le sauveur de Plassans. Un régiment de soldats napoléoniens approche enfin de la ville, escortant les prisonniers qu'avaient faits, la veille, les républicains.

Chapitre VII

Les autorités, parmi lesquelles, le maire, reviennent en ville. Rougon attend désormais sa récompense de Paris. Il reçoit justement une lettre d'Eugène qui lui annonce qu'il obtiendra le poste de receveur particulier et plus : la Légion d'honneur. Rougon sort de chez lui en quête de renseignements sur Macquart, Pascal et Silvère. Il trouve les premiers chez Tante Dide, paralysée par l'une de ses crises nerveuses, plus violente que les précédentes. Il remet à Macquart le reste de la somme promise par Félicité pour sa libération lorsque Tante Dide, dans un accès de folie prémonitoire, se met à hurler : elle a une vision de Silvère, tué d'une balle dans la tête. Rougon rentre chez lui. La table est dressée pour le dîner que donne Félicité pour les habitués du salon. Tous congratulent encore Rougon dont la fortune de la famille est faite. Aristide apprend à sa mère la mort de Silvère.

Le gendarme Rengade cherche Silvère parmi les insurgés prisonniers, revenus à Plassans. Il repère sa victime et l'emmène avec un autre révolté au fond de l'impasse Saint-Mittre où il les exécute d'une balle dans la tête. Silvère tombe mort sur la pierre tombale qui avait effrayé Miette parce que son prénom, Marie, y était gravé, et sur laquelle ils s'étaient retrouvés tant de fois pour vivre leur idylle.

LES RAISONS
DU SUCCÈS

Fort de ses quatre ans d'expérience de chef de la publicité à la Librairie Hachette, le jeune Émile Zola, écrivain encore inconnu du grand public, s'occupe personnellement de son service de presse et le soigne. Il a des amis et connaissances dans le milieu de la presse, mais la sortie de son roman, *La Fortune des Rougon*, ne correspond plus aux attentes du moment, et ce pour plusieurs raisons.

Ces pages, qui ont pour sujet l'histoire du coup d'État de Louis-Napoléon Bonaparte, et dont l'action se déroule plus précisément entre le 7 et le 11 décembre 1851, racontent une fureur, une ironie et dressent une satire antérieure au 4 Septembre 1870, date de la chute du Second Empire et du retour à la République, faisant sinistrement résonner une actualité encore récente.

L'accélération de l'histoire et le chaos politique – le roman est publié en volume plus d'un an après le retour de la république et six mois après la fin de la Commune – régnant au moment de la publication de l'œuvre en ont fait cependant vieillir le contenu, en ont atténué sa portée immédiate, et ont fait, de ce qui devait être une fiction politique, un roman historique.

« Le roman voue à l'exécration des démocrates la cruauté de la répression bonapartiste dans les provinces où s'est manifesté en décembre 1851 un sursaut de résistance républicaine. Ce n'est qu'un écho des campagnes qui, après mai 1868, avaient condamné les violences des soldats de Louis Napoléon Bonaparte : fusillades sur les Boulevards parisiens, exécutions sommaires dans le Var, procès et déportations » précise Henri Mitterand dans le premier volume de sa biographie d'Émile Zola.

Le romancier se met cependant en porte-à-faux : s'il prenait en sympathie, dans ses articles de presse, les insurgés de la commune, en 1869, il condamne finalement leurs violences meurtrières deux ans plus tard, révisant ses sentiments et jugements à l'égard des communards, tout en continuant de démolir allègrement la politique bonapartiste et monarchiste. Il dépeint pourtant complaisamment l'élan insurrectionnel des bûcherons et des ouvriers varois dans son roman.

En découle une confusion d'images et des ambiguïtés : Émile Zola fait de Miette, enveloppée dans un drap rouge, l'allégorie de *La Liberté guidant le peuple* d'Eugène Delacroix, condamne les boucheries de l'armée et de la gendarmerie, offensant par là même les conservateurs de son temps au moment où ils savourent leur récente victoire sur les « basses classes ». Enfin, la traîtrise de son personnage démocrate Antoine Macquart et la déroute des républicains de Plassans froissent ce qui reste du parti de la gauche radicale en 1871.

Il n'en reste pas moins que ce premier titre demeure le socle des *Rougon-Macquart*, le roman des origines de la fresque : l'histoire d'une famille durant le Second Empire, en vingt volumes. L'ensemble du projet sera verrouillé dans la troisième édition de *La Fortune des Rougon*, la première des éditions Charpentier en 1872, lorsque la conception générale du cycle grandit dans l'esprit du romancier qui passe d'un projet de dix volumes, à douze, dix-huit puis vingt tomes, et enrichit certaines des générations installées sur l'arbre en 1871.

LES THÈMES
PRINCIPAUX

Un roman des origines

Émile Zola affirme dans la préface à son roman qu'il « doit s'appeler de son titre scientifique : *Les Origines* ». Il s'agit là en effet d'un texte fondateur dont la fonction est davantage de programmer que de servir d'antichambre, d'où le rendu d'une intrigue étroite et ramassée en sept chapitres, plus ou moins denses et très descriptifs. Le romancier y lance en effet toutes les branches de l'arbre généalogique qu'il a conçu pour justifier et éclairer le cycle annoncé, pour que le lecteur puisse faire le lien sans difficulté entre le dessein général et l'intention romanesque. L'histoire des deux protagonistes, qui se démarquent par la haine fraternelle qu'ils éprouvent l'un pour l'autre, Pierre et Antoine, prend racine dans celle de la génération précédente, au chapitre II pour les Rougon et au chapitre IV pour les Macquart. Origines familiales et pesanteur du milieu s'équilibrent pour orienter la destinée des personnages. Du premier mariage d'Adélaïde Fouque, sujette aux névroses et crises nerveuses, naît Pierre Rougon, bientôt père de cinq enfants. De la liaison de la jeune femme avec son amant Macquart, sont issus Antoine, paresseux, violent et alcoolique, future figure paternelle tyrannique de trois enfants, et enfin la fragile Ursule, mariée au chapelier Mouret dont elle a trois enfants.

Coup d'état en province et débuts d'une famille sur la route de la fortune sont les assises de ce premier volet. Physiologie de l'hérédité et histoire politique contemporaine seront les deux fils conducteurs de cette fresque romanesque.

Les premières pages du roman apparaissent d'ores et déjà comme originelles par excellence : elles racontent en effet les origines de l'aire Saint-Mittre, ancien cimetière reconverti en terrain vague où stationnent les gens du voyage, avant de raconter celle des Rougon-Macquart, comme pour mieux persuader le lecteur de l'ancienneté de cette famille et de son appartenance ancestrale à la terre, au milieu des paysans. La désacralisation d'un lieu devenu banal car profané, par ailleurs, l'ancien cimetière de l'aire Saint-Mittre, fait office de mythe des origines de la fresque romanesque. Le romancier choisit d'ailleurs d'en brouiller les traces à travers le procédé de l'achronie : à défauts d'indices ou de dates historiques, il inscrit les origines de ce cimetière dans la nuit des temps. Il s'agit donc bien de conférer une dimension mythique à la naissance des *Rougon-Macquart*. L'évocation du cimetière installe ce début dans l'immobilité, voire dans la mort. L'activité des hommes bientôt l'envahit et l'habite, signe que l'histoire peut commencer. L'aire Saint-Mittre est d'ailleurs liée aux origines et à l'histoire familiale des Rougon-Maqcuart. Les amours de Miette et Silvère, y commencent pour le lecteur, au premier chapitre, près d'une tombe ; la grand-mère, Tante Dide, a connu les siennes à proximité de cette même aire, contiguë à la fois à l'enclos des Fouque où demeure le jardinier Rougon et à la masure de Macquart, voisinage qui la condamne d'ailleurs lentement mais sûrement à la folie.

La pierre tombale qui sert de lieu de rendez-vous aux deux amants semble être par ailleurs le symbole de la fondation de tout le cycle romanesque. Miette, comme elle est surnommée par ceux qui la connaissent, y lit son nom : « Cy-gist... Marie... morte... » Elle s'interroge sur la défunte et y voit un présage, celui de sa propre mort à venir prématurément. Elle s'en effraie et pleure dans les bras de Silvère en lui confiant son angoisse. Le sort romanesque de cette pierre vérifiera ses prémonitions : le jeune homme est exécuté à son emplacement, son sang se répandant sur l'épitaphe, tandis que Miette est tuée et laissée à Orchères. Le meurtre de Silvère fonde alors la fortune de la famille Rougon, qui, avertie de la menace qui pèse sur le jeune homme, ne tente rien pour le sauver et commence son ascension dans le sang d'un sacrifié. Silvère ouvre alors la longue série des victimes sacrificielles du cycle, et Miette une autre, celle des femmes pour qui l'amour ou l'approche de la sexualité sont interdits et sanctionnés par la mort. Ceci à l'image de Catherine, qui décède, dans *Germinal*, dans les bras d'Etienne, d'Hélène dans *Une page d'amour* dont la liaison avec son logeur est punie par la maladie et la mort de sa fille ou encore de Françoise, tuée après l'acte sexuel, dans *La Terre*. La pierre tombale, qui évoque la mort et fait imaginer au lecteur, comme aux personnages, sa vie passée, fixe également définitivement la notion de lignée, de généalogie, sur laquelle Émile Zola fonde son œuvre et qui parcourt tout le cycle.

Les rencontres de Silvère et Miette qui vivent intensément leur passion viennent pourtant alléger le contenu politique du roman. Le double thème de l'amour et de l'insurrection relève d'un procédé familier au romancier qui mêle intrigue politique ou sociale à une autre poétique. Tendres et innocents sont les rapports de Silvère et de Miette dont les prénoms mêmes revêtent une signification symbolique. « Silvère » s'il rappelle les silves, recueils poétiques improvisés, évoque l'univers végétal. Généreux et charitable, il aime passionnément Miette, diminutif de « Marie », figure fragile de la virginité en référence à la chrétienté.

Le thème de l'insurrection est traité par ailleurs à travers le salon jaune de Félicité pour commencer, pièce à la couleur passée, défraîchie, mais lieu de réunions et de réflexions politiques, quelques soient les appartenances aux partis, source d'un complot bonapartiste contre les républicains et origine d'un stratagème pour assurer la fortune familiale. La révolte, c'est enfin et surtout le soulèvement des villes de campagne, la marche guerrière de la colonne armée des insurgés, guidés par le drapeau rouge qui enveloppe Miette de la couleur de la révolution, couleur également du sang abondamment répandu dans la bataille.

ÉTUDE DU MOUVEMENT LITTÉRAIRE

Le naturalisme, qui n'a jamais constitué une école au sens strict du terme, héritier du réalisme, se développe en France à partir de 1865.

Le mouvement réaliste, né de l'évolution de la littérature vers une observation de plus en plus poussée de la société contemporaine, notamment dans les œuvres de Balzac et de Stendhal, se développe après l'échec de la révolution de 1848. Il s'explique également par l'extraordinaire développement des sciences et de leurs applications technologiques qui entraînent un bouleversement dans les habitudes de vie, et dont Émile Zola reprend les travers dans ses *Rougon-Macquart*, témoins de l'histoire du XIXᵉ siècle, avec notamment l'essor du capitalisme et des grandes banques – *L'Argent* –, des grands magasins – *Au Bonheur des Dames* –, des chemins de fer – *La Bête humaine* – et d'une politique de grands travaux urbains – *Nana*. Le mythe du Progrès, auquel adhère, avec conviction, Émile Zola, marque en effet les premières décennies de la seconde moitié du XIXᵉ siècle : l'avenir repose sur la science.

Trois écrivains sont à l'origine du mouvement : Jules et Edmond de Goncourt, et Émile Zola. Les deux premiers publient cette année-là *Germinie Lacerteux* dont la préface est un texte fondateur : les Goncourt prônent un roman vrai, ayant pour sujet toutes les classes sociales, y compris les « basses classes », et s'appuyant sur les dernières découvertes de la médecine et de la physiologie. Émile Zola, de son côté, définit son esthétique de l'œuvre et de l'œuvre d'art, dans des critiques littéraires publiées entre 1865 et 1866. Il emprunte le mot « naturalisme » à un critique d'art qui l'applique à la peinture et pense que Taine est un « philosophe naturaliste » parce qu'il déclare « que le monde intellectuel est soumis à des lois comme le monde matériel, et qu'il s'agit avant tout de trouver ces lois, si l'on veut avancer [...] dans la connaissance de l'esprit humain ».

« Le naturalisme est purement une formule, la méthode analytique et expérimentale » précise Émile Zola dans son *Roman expérimental* en 1881. Les trois caractéristiques du roman naturaliste étant pour l'écrivain, l'absence de tout élément romanesque et la reproduction exacte de la vie ; la mort du héros ; la disparition du romancier derrière son récit.

Le Naturalisme vise en effet, par l'application à la littérature des méthodes et des résultats de la science positive, à reproduire la réalité, avec une objectivité parfaite et dans tous ses aspects, même les plus vulgaires, à en extraire les relations de cause à effets. « Le romancier est fait d'un observateur et d'un expérimentateur » estime Émile Zola : l'observateur, d'une part, choisit son sujet – une pathologie spécifique par exemple – et émet une hypothèse – cette tare est héréditaire ou est due à l'influence de l'environnement –, d'autre part, le romancier-expérimentateur place ses personnages dans des conditions qui révèlent le mécanisme de sa passion ou de sa tare et vérifient l'hypothèse initiale. Le Naturalisme est donc l'application d'une méthode d'observation scientifique à la littérature, plus précisément aux *Rougon-Macquart*, dont les vingt romans mettent en scène un personnage de cette famille, montrant l'expression de ses caractères, héréditaires ou issus du milieu où il vit. *La Fortune des Rougon* révèle par exemple la transmission des névroses d'Adélaïde Fouque à sa fille Ursule, dont la pathologie évolue en phtisie mortelle, l'alcoolémie et la violence du contrebandier Macquart à son fils Antoine dont la fille Gervaise fait les frais en naissant infirme de la cuisse et en devenant précocement alcoolique.

« Au bout », se persuade le romancier, « il y a la connaissance de l'homme, la connaissance scientifique, dans son action individuelle et sociale ».

Enfin, le souci de la vérité, de l'authenticité, de l'exactitude, est une caractéristique majeure du mouvement à laquelle Émile Zola est très attaché – comme en témoignent les dossiers préparatoires de ses romans, fondés sur une solide documentation – et que résume Gustave Flaubert dans *Les Romanciers naturalistes*, en 1881 : « La beauté de l'œuvre n'est plus dans le grandissement d'un personnage […] ; elle est dans la vérité indiscutable du document humain, dans la réalité absolue des peintures où tous les détails occupent leur place […]. »

DANS LA MÊME COLLECTION
(par ordre alphabétique)

- **Anonyme**, *La Farce de Maître Pathelin*
- **Anouilh**, *Antigone*
- **Aragon**, *Aurélien*
- **Aragon**, *Le Paysan de Paris*
- **Austen**, *Raison et Sentiments*
- **Balzac**, *Illusions perdues*
- **Balzac**, *La Femme de trente ans*
- **Balzac**, *Le Colonel Chabert*
- **Balzac**, *Le Lys dans la vallée*
- **Balzac**, *Le Père Goriot*
- **Barbey d'Aurevilly**, *L'Ensorcelée*
- **Barbey d'Aurevilly**, *Les Diaboliques*
- **Bataille**, *Ma mère*
- **Baudelaire**, *Les Fleurs du Mal*
- **Baudelaire**, *Petits poèmes en prose*
- **Beaumarchais**, *Le Barbier de Séville*
- **Beaumarchais**, *Le Mariage de Figaro*
- **Beauvoir**, *Mémoires d'une jeune fille rangée*
- **Beckett**, *En attendant Godot*
- **Beckett**, *Fin de partie*
- **Brecht**, *La Noce*
- **Brecht**, *La Résistible ascension d'Arturo Ui*
- **Brecht**, *Mère Courage et ses enfants*
- **Breton**, *Nadja*
- **Brontë**, *Jane Eyre*
- **Camus**, *L'Étranger*
- **Carroll**, *Alice au pays des merveilles*
- **Céline**, *Mort à crédit*

- **Céline**, *Voyage au bout de la nuit*
- **Chateaubriand**, *Atala*
- **Chateaubriand**, *René*
- **Chrétien de Troyes**, *Perceval ou le conte du Graal*
- **Chrétien de Troyes**, *Yvain ou le Chevalier au lion*
- **Cocteau**, *La Machine infernale*
- **Cocteau**, *Les Enfants terribles*
- **Colette**, *Le Blé en herbe*
- **Corneille**, *Le Cid*
- **Crébillon fils**, *Les Égarements du cœur et de l'esprit*
- **Defoe**, *Robinson Crusoé*
- **Dickens**, *Oliver Twist*
- **Du Bellay**, *Les Regrets*
- **Dumas**, *Henri III et sa cour*
- **Duras**, *L'Amant*
- **Duras**, *La Pluie d'été*
- **Duras**, *Un barrage contre le Pacifique*
- **Flaubert**, *Bouvard et Pécuchet*
- **Flaubert**, *L'Éducation sentimentale*
- **Flaubert**, *Madame Bovary*
- **Flaubert**, *Salammbô*
- **Gary**, *La Vie devant soi*
- **Giraudoux**, *Électre*
- **Giraudoux**, *La Guerre de Troie n'aura pas lieu*
- **Gogol**, *Le Mariage*
- **Homère**, *L'Odyssée*
- **Hugo**, *Hernani*
- **Hugo**, *Les Misérables*
- **Hugo**, *Notre-Dame de Paris*
- **Huxley**, *Le Meilleur des mondes*
- **Jaccottet**, *À la lumière d'hiver*
- **James**, *Une vie à Londres*
- **Jarry**, *Ubu roi*

- **Kafka**, *La Métamorphose*
- **Kerouac**, *Sur la route*
- **Kessel**, *Le Lion*
- **La Fayette**, *La Princesse de Clèves*
- **Le Clézio**, *Mondo et autres histoires*
- **Levi**, *Si c'est un homme*
- **London**, *Croc-Blanc*
- **London**, *L'Appel de la forêt*
- **Maupassant**, *Boule de suif*
- **Maupassant**, *Le Horla*
- **Maupassant**, *Une vie*
- **Molière**, *Amphitryon*
- **Molière**, *Dom Juan*
- **Molière**, *L'Avare*
- **Molière**, *Le Malade imaginaire*
- **Molière**, *Le Tartuffe*
- **Molière**, *Les Fourberies de Scapin*
- **Musset**, *Les Caprices de Marianne*
- **Musset**, *Lorenzaccio*
- **Musset**, *On ne badine pas avec l'amour*
- **Perec**, *La Disparition*
- **Perec**, *Les Choses*
- **Perrault**, *Contes*
- **Prévert**, *Paroles*
- **Prévost**, *Manon Lescaut*
- **Proust**, *À l'ombre des jeunes filles en fleurs*
- **Proust**, *Albertine disparue*
- **Proust**, *Du côté de chez Swann*
- **Proust**, *Le Côté de Guermantes*
- **Proust**, *Le Temps retrouvé*
- **Proust**, *Sodome et Gomorrhe*
- **Proust**, *Un amour de Swann*
- **Queneau**, *Exercices de style*

- **Quignard**, *Tous les matins du monde*
- **Rabelais**, *Gargantua*
- **Rabelais**, *Pantagruel*
- **Racine**, *Andromaque*
- **Racine**, *Bérénice*
- **Racine**, *Britannicus*
- **Racine**, *Phèdre*
- **Renard**, *Poil de carotte*
- **Rimbaud**, *Une saison en enfer*
- **Sagan**, *Bonjour tristesse*
- **Saint-Exupéry**, *Le Petit Prince*
- **Sarraute**, *Enfance*
- **Sarraute**, *Tropismes*
- **Sartre**, *Huis clos*
- **Sartre**, *La Nausée*
- **Senghor**, *La Belle histoire de Leuk-le-lièvre*
- **Shakespeare**, *Roméo et Juliette*
- **Steinbeck**, *Les Raisins de la colère*
- **Stendhal**, *La Chartreuse de Parme*
- **Stendhal**, *Le Rouge et le Noir*
- **Verlaine**, *Romances sans paroles*
- **Verne**, *Une ville flottante*
- **Verne**, *Voyage au centre de la Terre*
- **Vian**, *J'irai cracher sur vos tombes*
- **Vian**, *L'Arrache-cœur*
- **Vian**, *L'Écume des jours*
- **Voltaire**, *Candide*
- **Voltaire**, *Micromégas*
- **Voltaire**, *Zadig*
- **Zola**, *Au Bonheur des Dames*
- **Zola**, *L'Argent*
- **Zola**, *L'Assommoir*
- **Zola**, *Nana*

- **Zola**, *Pot-Bouille*